MODE DESIGN

Finde deinen eigenen Style

Text von Lesley Ware

Illustrationen von Tiki Papier

Autorin Lesley Ware
Lektorat Satu Fox, Megan Weal, Deborah Lock, Laura Gilbert, Sarah Larter, Sophie Mitchell
Gestaltung und Bildredaktion Joanne Clark, Emma Hobson, Ala Uddin, Rashika Kachroo, Vikram Singh, Diane Peyton Jones, Martin Wilson
Herstellung Dragana Puvacic, Barbara Ossowska
Illustrationen Tiki Papier

Für die deutsche Ausgabe:
Programmleitung Monika Schlitzer
Redaktionsleitung Martina Glöde
Projektbetreuung Susanne Menten
Herstellungsleitung Dorothee Whittaker
Herstellungskoordination Inga Reinke
Herstellung und Covergestaltung Christine Rühmer

Titel der englischen Originalausgabe:
How to be a Fashion Designer

Übersetzung Wiebke Krabbe
Lektorat Carola von Kessel

ISBN 978-3-8310-3567-0

Druck und Bindung RR Donnelley Asia Printing Solutions Limited, China

MIX
Papier aus verantwortungsvollen Quellen
FSC® C101537
FSC
www.fsc.org

www.dorlingkindersley.de

INHALT

Dein Design ...

Neben meiner Nähmaschine steht immer meine Regenbogentasse mit Tee.

Am liebsten mag ich Muster im klassischen Schwarz-Weiß.

Hi, ich bin Lesley. Ich schreibe Bücher über Mode, gebe Nähkurse und entwerfe jeden Tag neue Modelle.

Liebe Nachwuchs-Designerin,

willkommen in der aufregenden Welt der Mode!

In diesem Buch kannst du viel über Modedesign lernen. Mit deiner Kleidung drückst du aus, wer du bist, und das ist gut für dein Selbstbewusstsein.

Auch über Styling wirst du vieles erfahren. Designer entwerfen Kleidung, Stylisten stellen sie zusammen. Sie wählen Modelle für Fotoshootings aus und kleiden Menschen für verschiedene Anlässe ein.

Mit deinem Design kannst du auch etwas zum Umweltschutz beitragen. Darum findest du in diesem Buch Tipps für den Einkauf und coole Ideen, um alten Kleidern eine zweite Chance zu geben.

Viel Spaß auf der abenteuerlichen Entdeckungsreise durch die bunte Welt der Mode!

Das ist mein Kater Miles Ware. Er möchte immer beim Nähen helfen, aber das gibt nur Durcheinander. Vielleicht sollte er es als Katzen-Model versuchen?

Lesley

Probier's aus!

An diesem Sternchen erkennst du besondere Herausforderungen in Design oder Styling. Es ist nicht schlimm, wenn du Fehler machst. Gerade bei schwierigen Aufgaben kann man viel lernen. Und das Ausprobieren gehört zu jeder kreativen Arbeit dazu.

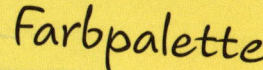
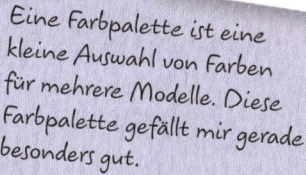

Eine Farbpalette ist eine kleine Auswahl von Farben für mehrere Modelle. Diese Farbpalette gefällt mir gerade besonders gut.

Beim Entwerfen und Nähen höre ich gern Musik.

Mein Tipp

Ohne meine Brille gehe ich nicht aus dem Haus. An ihr erkennst du praktische Tipps für deine Entwürfe – oder einfach Ideen, die Spaß machen.

Dein Design

Mit ihren Zeichnungen zeigen Modedesigner anderen Leuten, wie sie sich ihre Modelle vorstellen. Am besten zeichnest du jeden Tag. Zehn Minuten reichen schon aus. Ganz hinten im Buch findest du Platz für deine Skizzen.

Los geht's!

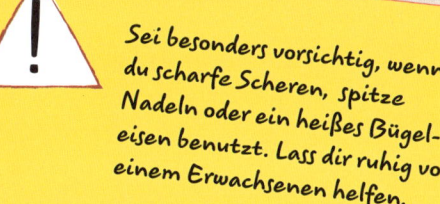

In diesem Buch findest du jede Menge Projekte, an denen du deine eigenen Design- und Stylingideen ausprobieren kannst.

> ⚠ Sei besonders vorsichtig, wenn du scharfe Scheren, spitze Nadeln oder ein heißes Bügeleisen benutzt. Lass dir ruhig von einem Erwachsenen helfen.

Nicht vergessen!

☆ „Kann ich nicht" oder „Das ist hässlich" gilt nicht. Bleibe dran! Design ist eine Kunst und keine Wissenschaft.

☆ Lass dir Zeit. Die Projekte sollen vor allem Spaß machen, auch wenn sie am Ende anders aussehen als im Buch.

☆ Glaube an deine Ideen und höre auf dein Bauchgefühl. Und jetzt geht's los!

WERKZEUG

Hier siehst du einige Dinge, die du zum Zeichnen und Entwerfen gut gebrauchen kannst. Stoff gehört selbstverständlich auch dazu. Beim Blättern in Modebüchern und Zeitschriften kommt man oft auf gute Ideen.

Doppelseitiges Klebeband

Pailletten

Mini-Pompons

Verzieren

Mit Pailletten, Pompons oder anderen Verzierungen sehen auch ganz schlichte Kleidungsstücke gleich viel interessanter aus.

Buntstifte

Washi-Tape

Washi-Tape ist ein Klebeband aus Papier. Du kannst damit Moodboards gestalten.

Stoffmalfarbe

Textilkleber

Zeichnen

Es macht Spaß Mode zu zeichnen. Wenn du jeden Tag übst, wirst du immer besser. Nimm dir vor, ein ganzes Skizzenbuch mit deinen Entwürfen zu füllen.

Skizzenbücher

Bleistift

Wachsmalkreiden

Filzstifte

Benutze dicke und dünne Stifte für breite Streifen und feine Verzierungen.

Schere

Knöpfe

Nähnadel

Nähen

Für den Anfang brauchst du nur Nadel und Faden. Weitere Dinge kannst du dir später anschaffen.

Nähgarn

Stoffreste

Du kannst Textilfarben auch mischen.

Stoffmarker

Textilfarbe

Stecknadeln

Vorstich

Der Vorstich ist einfach und du wirst ihn öfter brauchen. Dabei geht der Faden wie eine Welle durch den Stoff: immer abwechselnd auf und ab.

Aufnäher

Fädle ein Garnende in das Nadelöhr ein. Ins andere Ende des Fadens machst du einen Knoten.

1

2

Zuletzt verknotest du den Faden wieder.

3

Stich von hinten durch den Stoff und ziehe den Faden bis zum Knoten durch. Dann nähst du von der Vorderseite wieder nach hinten.

So geht es weiter: aufwärts und abwärts stechen. Achte darauf, dass die Abstände zwischen den Stichen gleich lang sind.

MOOD-BOARD

Auf einem Moodboard stellen Designer viele Dinge zusammen, die sie für die Gestaltung verwenden können. Dieses Moodboard hat das Thema Regenbogen.

Material sammeln

Schnappe dir eine Schere und sammle alles, was du mit dem Thema verbindest und was dir gefällt: Fotos, Aufkleber, Stoffreste oder Bilder aus Zeitschriften. Stecke alles auf eine Pinnwand oder ein großes Stück Pappe. Du kannst auch ein Mini-Moodboard in deinem Skizzenbuch zusammenstellen.

Regenbogen

Farben

Entscheide dich zuerst für eine Farbe, die du gern trägst. Sammle alles, was dazu passt, von Knöpfen bis zu Fotos. Versuche möglichst viele verschiedene Töne deiner Farbe zu finden.

Stoffreste

Du kannst alles verwenden, was dich auf Ideen bringt.

Frage im Stoffgeschäft nach kleinen Stoffresten.

Stecke Aufnäher oder Haarspangen auf dein Moodboard.

Halte überall die Augen nach Kleinigkeiten offen, die zu deinem Thema passen.

Armreifen

Themen

Ein Thema ist das, was alle Dinge auf deinem Moodboard gemeinsam haben. Du kannst es selbst wählen. Wie wäre es mit „niedliche Hunde" oder einem Gefühl wie „Freude"? Das Moodboard verrät etwas über deine Vorlieben und über deinen Stil!

Bilder aus Zeitschriften

Du kannst auch passende Texte aus Zeitschriften ausreißen.

Finde deinen eigenen Stil!

FARBE

Farbe ist für das Design besonders wichtig – schließlich hat alles, was du anziehst, eine Farbe. Für eine Kollektion suchen Designer meist nur wenige Farben aus, die gut zusammenpassen.

Blau gibt es in vielen Tönen, von Himmelblau bis Marine. Alle wirken kühl und ruhig.

Violett

Hellblau

Pastell

Pastellfarben sind hell und milchig wie Eiscreme. Sie wirken freundlich und ruhig – toll für den Frühling.

Rosa und Rot

Flieder

Pastellrosa

Neonpink

Pistaziengrün, Flieder und Hellblau sind Pastellfarben.

Bänder eignen sich gut für Verzierungen. Lege dir einen Vorrat in verschiedenen Farben an.

Blau und Schwarz

Designer mögen Schwarz, weil es zu allen anderen Farben passt.

Neonpink ist eine knallige Farbe.

Petrol

Sortiere deine Stoffe nach Farben. So kannst du Muster und Gewebe besser erkennen.

Knallig

Knallige Farben fallen auf. Sie sehen fröhlich und lebhaft aus – besonders, wenn du gleich mehrere von ihnen trägst.

Mein Tipp

Kontrastfarben stehen sich auf dem Farbkreis gegenüber. Sie wirken besonders stark, wenn du sie kombinierst. Entwirf ein Outfit mit breiten Streifen in Kontrastfarben.

Farbkreis

Mintgrün

Sonnenblumengelb

Gelb und Grün

Rot, Orange und Gelb sind leuchtende, warme Farben.

11

Auf dem JAHRMARKT

Auf dem Jahrmarkt kannst du jede Menge Ideen finden. Schau dich um, es gibt dort blinkende Lichter, Sterne, Zuckerstangen, bunte Leuchtreklamen – und dazu noch Spaß und gute Laune.

Ballons

Entwirf etwas in der Form eines Ballons, vielleicht Ärmel, ein Kleid oder eine Hose.

Wimpel

Violett

Grün

Blau

Riesenrad

Tickets

Zuckerwatte

Stell ein neues Moodboard mit Farben und Mustern vom Jahrmarkt zusammen.

Rot-weiße Streifen

Was du siehst und hörst, riechst und schmeckst, kann dich auf Ideen bringen. Wie könnte ein Look zum Thema Popcorn aussehen?

Popcorn

Wozu passen die Farben und Streifen des Zelts?

Maske

Zirkuszelt

Sterne sind ein Symbol der Showkünstler.

Kirsch-rot

Bonbon-rosa

Zickzack

Sterne

Der Look

Das richtige Outfit für einen Jahrmarktbesuch! Warum soll man sich brav anziehen, wenn man doch auch wie ein Star aussehen kann?

Ein Haarband mit Wimpel-Muster hält die Haare gut zusammen, auch bei Fahrtwind in der Achterbahn.

Rot-weiße Streifen auf einem T-Shirt wirken lässig.

Wie könntest du Licht in dein Design einbauen? Denke an glänzende Stoffe, reflektierende Aufnäher oder Farben, die im Dunkeln leuchten.

Armband aus Plättchen, die wie Tickets für Fahrgeschäfte geformt sind

Platziere Nieten oder Pailletten in einer Form, die dir gefällt. Vielleicht ein Stern?

Bunte Lichter

Hochgekrempelte Hosenbeine sehen sommerlich aus. Du kannst die Umschläge mit einigen Stichen festnähen.

Ohne bequeme Schuhe geht auf dem Jahrmarkt gar nichts. Wie soll man denn Spaß haben, wenn die Füße wehtun?

Jonglierkeulen

Entwirf ein cooles, witziges Outfit für einen Jongleur. Es muss aber auch bequem und praktisch sein.

Deine
PALETTE

Farbe ist im Modedesign ein wichtiges Werkzeug. Schau dir zuerst die verschiedenen Kombinationen an, die Designer ausgesucht haben. Stell dann eine Palette aus Farben zusammen, die du gern magst oder die dir besonders gut stehen.

⭐ Probier's aus!

Blicke in deinen Kleiderschrank und stell drei Outfits zusammen: gegensätzliche Farben, Pastell-farben und Knallfarben. Breite sie auf deinem Bett oder dem sauberen Fußboden aus und schau, ob alles wirklich gut zusammen-passt. Tausche Teile aus, bis die Kombinationen perfekt sind. Denke auch an Schuhe (siehe Seite 34–35) und Taschen (siehe Seite 24–25).

Einfarbig mit Kontrasten

Große Kette in einer passenden Farbe als Hingucker

Die dunkle Hose hebt sich deutlich von den kräftigen Farben des Tops, Rucksacks und der Schuhe ab.

Gegensätzliche Farben

„Colour blocking" nennen Designer diesen Look aus zwei oder mehr ein-farbigen, knalligen Kleidungsstücken. Es sieht am besten aus, wenn du eine oder zwei leuchtende Farben mit einer dunklen kombinierst.

Als Extra ein passender Haarschmuck

Kleine Eistüten sind das perfekte Muster.

Durchsichtige Plastik-sandalen kamen in den 1980er-Jahren in Mode und sind noch immer angesagt.

Zwei Pastell-farben reichen, sonst wird das Outfit zu niedlich.

Knallige Farben

Zur kurzen Hose mit dem wilden Muster passt ein einfarbiges Top am besten.

Top

Sweatshirt

Süße Pastellfarben

Pastellfarben

Pastellfarben sind hell und milchig wie Eiscreme. Rosa, Gelb und Hellblau wirken mädchenhaft und verspielt.

Knallige Farben

Wenn du gern aus der Reihe tanzt, sind knallige Farben genau richtig. Bunte Batikmuster (siehe Seite 16–17) passen großartig zu diesem Look.

BATIKMUSTER

Es ist spannend Stoff zu färben.
Wenn du Muster erzeugen möchtest,
kannst du den Stoff beispielsweise
zusammenschnüren. Mit Eiswürfeln
geht es besonders einfach.

Du brauchst:

☆ Top aus Baumwolle

☆ Abtropfgitter

☆ Plastikschale

☆ Eiswürfel

☆ Gummihandschuhe

☆ Plastiklöffel

☆ Textilfarbe (Pulver)

1 Stoff anfeuchten und zusammenknüllen

Stell das Abtropfgitter in
die Plastikschale. Knülle
das Top zusammen und
verteile viele Eiswürfel
darauf. Ziehe Gummi-
handschuhe an und
streue mit einem Löffel
Farbpulver darüber.
Je mehr du nimmst,
desto kräftiger werden
die Farben.

Wenn das Eis schmilzt,
dringt das Pulver in
den Stoff ein.

Streue das Farbpulver
mit Plastiklöffeln auf
die Eiswürfel.

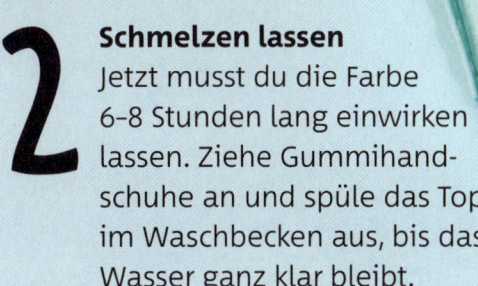

2 Schmelzen lassen

Jetzt musst du die Farbe 6–8 Stunden lang einwirken lassen. Ziehe Gummihandschuhe an und spüle das Top im Waschbecken aus, bis das Wasser ganz klar bleibt.

Vorsicht beim Ausgießen des gefärbten Wassers!

Mein Tipp

Wähle das richtige Färbemittel für deinen Stoff. Für Naturfasern wie Baumwolle brauchst du andere Stofffarbe als für Stoffe aus Synthetik (Kunstfasern). Lies, was auf der Packung steht.

3 Dein neues Top

Das Top muss ganz allein in der Waschmaschine gewaschen werden. Nach dem Trocknen kannst du es anziehen. Vielleicht mischst du beim nächsten Mal verschiedene Farbpulver, bevor du sie auf das Eis streust?

Das fertige Top!

Wenn dir diese Muster gefallen, färbe gleich noch ein Top für deine Freundin.

Im Winter kannst du es auch mit Schnee versuchen.

Welcher
STIL?

Echter Stil ist nicht nur eine Frage des Aussehens. Es geht auch darum, wie du bist. Treibst du gern Sport? Magst du Lesen, Malen oder Singen? Entwirf Outfits für verschiedene Beschäftigungen. Suche einen Stil aus, der gut zu dir passt, oder erfinde einen eigenen.

Lässig

Dies ist ein prima Look, wenn du malen, schreiben, neue Rezepte erfinden oder dich einfach im Garten entspannen willst.

Robuste, dicke Sohle

Verspielte Accessoires mit Blumen

Dunkle, glänzende Farben sehen festlich aus.

Festlich

So könntest du dich anziehen, wenn du ins Theater oder zum Tanzen gehst. Dies ist ein Outfit für den großen Auftritt.

Praktisch

So könntest du dich anziehen, wenn du skaten, Musik machen oder die Gegend erkunden willst. Auch fürs Camping eignet sich dieses Outfit bestens.

Probier's aus!

Schreibe hier eine Liste von Dingen auf, die du gern machst. Denke dir dazu eine Geschichte aus. Sie wird etwas über deinen ganz eigenen Stil erzählen.

Ich mag ...

Sportlich

Dieser Stil ist cool und praktisch – etwa zum Laufen, Wandern, Fahrrad fahren und für andere Unternehmungen draußen in der Natur.

Sportliche Kleidung muss leicht und bequem sein.

Singen, rennen, tanzen, Sachen erfinden

Kochen, zeichnen, schwimmen, reden, forschen

Schneide aus Papier kleine Formen aus und klebe sie auf ein weißes Blatt. Kopiere das Muster auf Transferfolie, dann kannst du es auf ein T-Shirt bügeln.

Entwirf in deinem Skizzenbuch ein Muster in diesen Farben.

Pink

Orange

Aquamarin

Vielfältige MUSTER

Modedesigner verwenden oft Muster. Das Entwerfen von Mustern ist ein eigenständiger Beruf, für den man kreativ sein und sich gut mit Farben auskennen muss. Mit Mustern sehen Kleidungsstücke gleich viel interessanter aus.

In Schottland werden seit Jahrhunderten Stoffe mit Karomustern gewebt.

Schottenkaro

Vichykaro

Witzige Muster erregen Aufsehen.

Früchte

Vichykaro ist ein Muster aus Streifen, die sich kreuzen.

Blumenmuster gibt es in allen Farben und Größen.

Streifen

Blumen

Der Look

Wer so viele verschiedene Muster kombiniert, liebt das Ungewöhnliche und fällt gern auf. Nicht ganz so wild sieht es aus, wenn die einzelnen Muster ähnliche Farbkombinationen haben.

Schön warm: ein Schal mit Karomuster

Himbeerrot

Petrol

Gemütlicher, weit geschnittener Mantel aus kariertem Stoff

Eckige Tasche mit lässig langem Schultergurt

Auf den Taschen verläuft das Muster schräg. Das fällt ins Auge!

Mein Tipp

Wenn du es nicht so kunterbunt magst, gefällt dir vielleicht ein karierter Flicken auf der Hose, eine geringelte Strumpfhose, eine Mütze mit Punkten oder eine Jacke mit einem hübschen Blumenmuster.

Hose mit Blumenmuster: ganz schön ungewöhnlich!

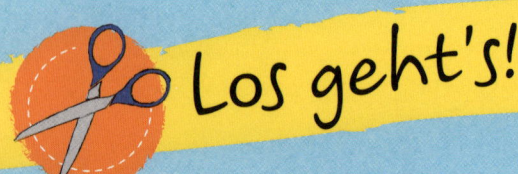 **Los geht's!**

MUSTER DRUCKEN

Du brauchst:

☆ Stempel, Schwämme oder Blätter

☆ Papier für Probedrucke

☆ Stoffmalfarbe

☆ Weißen Baumwollstoff

☆ Bügeleisen

☆ Stoffmalstifte

Wenn du Spaß am Gestalten hast, kannst du eigene Muster auf Stoff drucken. Stempel gibt es fertig zu kaufen, aber du kannst aus vielen Haushaltsmaterialien auch selbst welche zuschneiden.

Schwammstempel

1 Stempel zuschneiden

Schneide aus Schwämmen oder Papier Stempel in verschiedenen Formen zu oder rolle Papier so fest zusammen, dass sich ein Rosenmuster ergibt. Im Bastelgeschäft kannst du fertige Stempel kaufen.

Gummistempel

Stoffmalfarbe

2 Muster entwerfen

Denke dir ein Muster aus und drucke es zuerst auf Papier. Tauche den Stempel in die Farbe, sodass er ganz bedeckt ist. Dann drückst du ihn fest auf das Papier.

Probiere verschiedene Farbkombinationen aus.

Pappteller als Palette für mehrere Farben

3 Stoff bedrucken

Jetzt kannst du dein Muster auf den Stoff drucken. Nimm jedes Mal frische Farbe auf und drücke deinen Stempel fest auf den Stoff. Wenn die Farbe trocken ist, muss sie ohne Dampf gebügelt werden, damit sie waschmaschinenfest wird.

Blatt

Das fertige Muster

Mit einem Stoff-malstift kannst du das Muster weiter verzieren.

Auf Blätter trägst du die Farbe am besten mit einem Pinsel auf, bevor du sie auf Papier drückst.

Blätterdruck

Blätter haben weiche, natürliche Formen.

Für Kreise eignen sich Deckel von Flaschen.

Aus dem fertigen Stoff kannst du etwas nähen. Viel-leicht einen Schal?

Gummistempel sind oft besonders fein geschnitten.

Stempelkissen

Taschenformen

Beutel

Praktisch für Shampoo und Zahnbürste

Clutch

Diese kleine, elegante Tasche wird in der Hand gehalten oder ums Handgelenk getragen.

In eine hübsche Tasche mit Kettenband passt alles, was du bei deinen Freundinnen brauchst.

Abendtasche

Quasten und Fransen sehen an Schultertaschen toll aus. Gefällt dir die schwarze? Oder eher die weiße? Oder die mit der kleinen Stickerei?

Witzige Formen

Warum nicht eine Tasche, die aussieht wie eine Frucht?

Muscheltasche im Meerjungfrauen-Stil

EINGEPACKT

Taschen gibt es in allen Formaten, von winzig bis riesig. Es kommt immer darauf an, was man mitnehmen möchte. Stell dir vor, du möchtest in die Ferien fahren. Überlege, welche Taschen du für die Reise brauchst.

Modedesigner haben oft große Taschen für ihre Entwürfe und das Zeichenwerkzeug.

Sportlich

Schnalle

Den Riemen kann man über der Schulter oder schräg über der Brust tragen.

Bestickte Basttasche für den Sommer

Henkeltasche

Der Look

Dies ist ein Look für alle, die gern reisen und die Welt entdecken. Er ist praktisch und bequem und selbstverständlich gehört auch eine geräumige Tasche dazu.

Tasche und Riemen in zwei verschiedenen Farben

Ein Overall ist auf Reisen praktisch und bequem.

Für lange Reisen brauchst du eine große Tasche.

Extratasche für kleine Dinge wie Ausweis, Kopfhörer und Kaugummi

Mein Tipp

Überlege nicht nur, wie deine Tasche außen aussehen soll. Entwirf auch ein Muster für das Futter, Innenfächer und ein Logo – also ein Zeichen, mit dem du deine selbst gestalteten Modelle kennzeichnest.

KONTUREN

Die Form, die ein Kleidungsstück am Körper bildet, nennen Designer Kontur oder Silhouette. Wenn man ein Outfit oben oder unten verbreitert, ergibt sich eine neue Kontur. Die berühmte Modedesignerin Coco Chanel fand, dass Kleidung zur Figur ihrer Trägerin passen muss. Schau dir diese Outfits an. Welches gefällt dir am besten?

Neue Form

Manchmal genügt ein Gürtel, um das Aussehen eines Kleidungsstücks völlig zu verändern. Weite T-Shirtkleider oder Hängerkleidchen bekommen mit einem Gürtel eine neue Kontur.

U-Boot-Ausschnitt

Schmaler Bleistift-Rock

Gerade Silhouette

T-Shirtkleid

Mit Gürtel

Ausgewogen

Eine gerade Kontur bezeichnet man auch als ausgewogen. Sie wirkt unkompliziert und lässig, wobei die Stoffe und Muster durchaus auffallen können. Diese Kontur wurde in den späten 1940er-Jahren modern und blieb es bis Anfang der 1960er-Jahre.

Bluse mit
Puffärmeln

Schmale Hose
mit hohem Bund

Schulterfreies Top
mit Nackenträger

Faltenrock

Puffärmel

Weiter, knielanger
Rock mit Falten

Breite Schultern

Ausladende Schultern sehen ungewöhnlich aus. Früher nähte man sogar
Schulterpolster in die Kleidung. Diese
Betonung des Oberkörpers war in den
1980er- und 1990er-Jahren sehr beliebt.

Weiter Rock

Hier bestimmt der Rock die Kontur. In weiten Röcken aus fließenden Stoffen kann
man sich herrlich drehen. Die Betonung
des Unterkörpers war in den 1950er-Jahren
und Anfang der 1960er-Jahre modern.

Ballons

Lass bunte Luftschlangen flattern.

Zeichne ein Design in Luftballonfarben. Welcher Stoff fühlt sich ähnlich an?

Sonnen-gelb

Blau

Entwirf ein Party-Outfit in diesen Farben.

Orange

Zeit zum FEIERN!

Partys machen Spaß, weil man sich mal so richtig in Szene setzen kann. Ob Geburtstag oder Ende des Schuljahres: Gründe zum Feiern gibt es immer. Überlege dir rechtzeitig, was du anziehen möchtest. Und vielleicht entwirfst du ja auch dein eigenes aufregendes Party-Outfit?

Wie wäre es mit süßen Pastellfarben?

Geburtstagskuchen

Nimm Pailletten in den Farben von Zuckerkonfetti.

Kuchenlollis

Entwirf ein Modell in Kontrastfarben, so bunt wie diese Schokolinsen.

Bunte Schleifen sehen nicht nur auf Geschenken toll aus, sondern auch an Party-kleidern.

Mint-grün

Pink

Der Look

Wer dieses Outfit trägt, hat bestimmt nichts dagegen aufzufallen. Ob auf einer Party oder in der Disco, dieses Mädchen sorgt garantiert für Gesprächsstoff und wird so schnell nicht wieder vergessen. So sieht eine richtige Mode-Superheldin aus.

Für ein besonderes Fest dürfen es große Ohr-ringe sein.

Seidige Stoffe haben einen edlen Glanz. Welchen Stoff würdest du für dein Partykleid wählen?

Auf der Hüfte sitzt eine riesige Schleife in Blau und Gelb.

Der Rock ist mit Borten verziert wie eine Geburts-tagstorte.

Stoffe in Bonbonfarben sehen richtig festlich aus.

Vielseitiger JEANSSTOFF

Jeansstoff besteht aus Baumwolle und ist wunderbar robust. Er lässt sich leicht schneiden und nach Lust und Laune verzieren. Entwirf eine Jeansjacke, die zu deinem Stil passt, oder wage dich an ein neues Accessoire heran.

Eine Jacke, drei Ideen

Notiere in deinem Skizzenbuch mindestens drei Arbeitsschritte für die Veränderung deiner Jeansjacke. Auch Modedesigner schreiben den Arbeitsablauf immer auf, damit die Schneider genau wissen, was sie tun müssen.

Aufnäher
Probiere verschiedene Anordnungen aus. Entscheide dich für die Ideen, die dir am besten gefallen.

Manche Flicken kann man aufbügeln. Andere musst du festnähen oder mit Sicherheitsnadeln feststecken.

Hell oder dunkel?

Jeansstoff gibt es in hellem und dunklem Blau. Welcher Ton gefällt dir besser?

Helle Jeans

Verzierungen sind auf hellen Jeans besser zu sehen.

Dunkle Jeans sind klassisch und passen zu allem.

Dunkle Jeans

Jeans für alles

Jeansstoff ist so beliebt, weil er wirklich zu jedem Stil passt. Hier findest du Vorschläge, was du zu deiner verzierten Jacke tragen könntest.

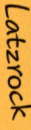

Latzrock

Nach dem Abschneiden der Ärmel kannst du die Stoffkanten ausfransen (siehe Seite 33).

Ärmel abschneiden

Wenn dir die Ärmel deiner Jacke nicht gefallen, schneide sie doch ab (besser vorher fragen!). Eine Jeansweste passt prima über langärmelige Shirts.

Von Hand musst du mit ganz kleinen Vorstichen nähen (siehe Seite 7).

Schöner Rücken

Schneide bunten Stoff in der Größe des Jackenrückens zu. Nähe ihn von Hand oder mit der Näh- maschine fest.

Tolles Extra: bunte Quasten an den Ecken

Rucksack

Auf einem hellen Jeansrucksack fallen Aufnäher gut auf.

Rock

Schleifen mit Fransen passen zum Jeans-Look.

Schuhe

Eine Mütze aus Jeans- stoff sieht zu vielen Outfits cool aus.

Mütze

31

Los geht's!

DESIGNER-JEANS

Aus Jeansstoff werden alle möglichen Kleidungsstücke hergestellt: Latzhosen, Röcke, Jacken und natürlich Hosen. Hast du Lust einer alten Jeans einen neuen Look zu geben? Hier steht, wie es geht.

Du brauchst:

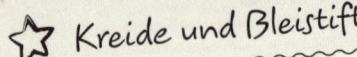

- ☆ Kreide und Bleistift
- ☆ Jeans
- ☆ Schere
- ☆ Stoff mit Muster
- ☆ Nadel und Faden
- ☆ Stoffmalfarbe
- ☆ Pomponborte

1 Anzeichnen
Zeichne mit Kreide oder Bleistift Formen auf die Hose. Probiere die Jeans an, damit die Muster wirklich an den richtigen Stellen sitzen. Dann kannst du sie ausschneiden.

2 Stoff aufnähen
Schneide aus buntem Stoff Formen aus, die etwas größer sind als die Löcher in der Jeans. Drehe die Jeans auf links und nähe die Formen mit Vorstichen (siehe Seite 7) fest.

3 Farbig umranden
Male die Ränder der Ausschnitte sorgfältig mit Stoffmalfarbe oder Textilstiften nach.

Glitzernde Stoffe sehen zu Jeans toll aus.

4 Mit Borte verzieren

An den Taschen, dem Hosenbund und den Beinenden
sieht Borte toll aus, die du mit
kleinen Vorstichen festnähst.
Aber Vorsicht bei engen Jeans:
Wenn du Borte an die Hosenbeine nähst, werden sie vielleicht zu eng für deine Füße.

Du kannst für die Verzierung
Pomponborte, Kunstleder,
Pailletten oder Zackenborte
verwenden. Suche aus, was dir
am besten gefällt.

Geduld, bitte!
Die Stofffarbe
muss mindestens
3 Stunden lang
trocknen.

5 Ausfransen

Zeichne mit Kreide an,
wo der Stoff ausgefranst
werden soll. Schneide ein
Viereck oder eine Raute
aus und zupfe mit einem
Stift Fäden heraus, bis die
Stoffränder fransig sind.

Für einen Destroyed-
Look reibst du die
Kanten mit Schleif-
papier ab.

Mein Tipp

Auf dem Flohmarkt und
im Secondhandladen
gibt es günstige Jeans –
prima für kreative
Experimente. Schau
dich einfach einmal um,
bestimmt kommst du
dabei auf Ideen.

Jede Menge Schuhe

Keilsandale

Im Sommer sieht ein Modell mit gepunktetem Stoff niedlich aus.

Ballerinas

Bequem und leicht anzuziehen – kein Wunder, dass sie so beliebt sind.

Spangenschuhe

Der Riemen hält sie fest am Fuß.

Slipper

In der Freizeit hübsch zu einem lockeren Kleid

Sneaker

Sie kamen in den 1980er-Jahren in Mode und sind noch immer angesagt.

Schnürstiefel

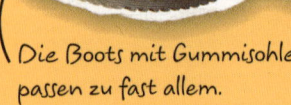

Die Boots mit Gummisohle passen zu fast allem.

GUT zu FUß

Hübsche Schuhe sind ein schöner Anblick. Aber sie müssen auch bequem sein, damit sich die Füße darin wohlfühlen. Probiere im Schuhgeschäft verschiedene Schuharten an und lerne sie kennen. Suche dir ein Paar aus, das zu deinem Stil passt, und erkunde damit die Welt.

Gummistiefel

Früher stellte man solche Regenstiefel aus Leder her. Heute bestehen sie aus Kunststoff.

Strümpfe in Sandalen? Warum nicht? Im Frühjahr und Herbst sehen geringelte Kniestrümpfe witzig aus.

Rollschuhe gibt es in vielen Farben. Denke an Helm, Knie- und Ellenbogenschützer, wenn du damit unterwegs bist!

Badelatschen

Solche Flipflops®
sind prima am
Strand oder im
Schwimmbad.

Mein Tipp

Beklebe einen alten Schuh-
karton mit buntem Papier
und bewahre darin deine
Mal- und Bastelsachen auf.

Der Look

Mit den bequemen
Schnürstiefeln und den
dicken Socken kann dieses
Mädchen durch die Stadt
spazieren oder durchs
hohe Gras hüpfen.

Dicke Socken
über Ringel-
strumpfhosen
halten schön
warm und
sehen punkig
und zugleich
süß aus.

Bunte Schnür-
senkel sorgen für
gute Laune!

Solche coolen
Schnürstiefel
mit einem selbst
gemalten Muster
gibt es garantiert
nur einmal.

Schnürsenkel kann
man leicht aus-
wechseln. Sie werden
in vielen tollen
Farben angeboten.

Die Gummisohlen
sind rutschfest und
nutzen sich nicht
so leicht ab.

Schnappe dir eine Kamera oder das Handy und fotografiere, was dir gefällt. Mit den Fotos kannst du deine Moodboards ergänzen.

Meer-grün

Ozean-blau

Schau dir die bunten Farben am Strand an. Verwende sie für deine Entwürfe.

Rot

Nimm dein Skizzenbuch mit an den Strand und zeichne die Formen der Wellen nach.

Taue kannst du für Taschen, Armbänder und mehr gebrauchen.

Tau

Am
STRAND

Ein Besuch am Strand ist ein Erlebnis für alle Sinne. Du spürst den Wind auf der Haut, schmeckst Salz in der Luft, hörst die Wellen und siehst vieles, das dich auf Ideen für einen eigenen Strand-Look bringen kann.

Sammle Kiesel

Schneckengehäuse

Es gibt auch Kleidung in den Farben von Korallen.

Koralle

Sand-
gelb

Krone aus Muscheln
und Perlen auf
feuerroten
Haaren

Achte auf die
Muster von
Softeis und
Waffeltüten.

Sonnenschirm
im Türkisgrün
tropischer
Meere

Prächtige Kette
aus (Plastik-)
Korallen

Der Look

In diesem Entwurf stecken nicht
nur die Farben und Formen des
Strands, sondern auch viele Dinge,
die man dort sammeln kann. Mit
der tollen Muschelkrone ist dieses
Mädchen die Strandkönigin.

Wickeltop aus
leichtem
Baumwollstoff

Ein Stück Tau
als Armband

Welche Ideen kommen dir,
wenn du die Kiesel ansiehst
und in die Hand nimmst?

Die Rüschen
erinnern an
die Formen der
Wellen.

Probier's aus!

Nimm an den Strand Bade-
anzug, Handtuch, Tasche und
Sonnenhut in aufeinander
abgestimmten Mustern und
Farben mit. Denke auch an
eine passende Decke, auf der
du sitzen und lesen kannst.

Schnürbänder, so
rosa wie Himbeereis

VOLLER DURCHBLICK

Sonnenbrillen schützen die Augen, sehen aber auch lässig aus. Für eine coole Sonnenbrille brauchst du nicht dein Taschengeld zu opfern. Schnappe dir deine Bastelsachen und leg los. Am Strand wirst du mit dieser Brille ganz bestimmt Aufsehen erregen.

Glitzerpulver

Bepinsele Stellen, die glitzern sollen, mit klarem Nagellack und streue sofort Glitzerpulver darauf. Dann gut trocknen lassen.

Pfeifenreiniger

Washi-Tape

Glitzerfarbe

1 Gestaltung nach Plan
Suche eine Sonnenbrille aus, die du verzieren willst. Zeichne Entwürfe in dein Skizzenbuch. Denke an alle Details: Welche Form und Farbe soll deine Brille haben? Soll sie Muster tragen oder glitzern?

Glitzer!

Große, runde oder eckige Brillen eignen sich am besten.

Nimm Pfeifenreiniger, die gut zur Farbe des Brillengestells passen.

Mein Tipp

Jede schöne Brille braucht ein Etui. Schneide aus dickem Stoff ein Rechteck, das gut doppelt so groß ist wie deine Brille. Falte es in der Mitte und nähe die lange und eine kurze Seite zusammen. Fertig ist das Etui!

2 Brille mit Ohren
Forme aus zwei Pfeifenreinigern die Ohren. Klebe sie mit Washi-Tape an den Seiten und in der Mitte fest.

Statt Perlen kannst du auch Glitzersteine oder Pailletten aufkleben.

3 Verzieren
Jetzt kannst du Glitzersteine oder Perlen auf das Brillengestell kleben. Achte auf gleichmäßige Abstände.

4 Letzte Feinheiten
Hast du noch mehr Ideen? Ergänze anders gemusterte Klebebänder oder bemale das Gestell mit glitzerndem Nagellack.

Fertig!

Anstelle der Glitzersteine sehen hier auch bunte Knöpfe toll aus.

Wollmütze mit Ohrenklappen

Eine bunte Wollmütze hält im Winter schön warm.

Trilby

Ein Trilby hat eine schmale Krempe und oben eine Kerbe.

Ohren

Hüte können lustig aussehen. Dieser Strohhut hat Ohren und ein Katzengesicht.

Beanie

Die gemütliche Beanie hat keinen Umschlag.

Schlapphut

Wenn du auffallen willst, setze einen Schlapphut auf und schau geheimnisvoll unter der Krempe hervor.

IDEEN für den KOPF

Hast du manchmal verrückte Ideen im Kopf? Das ist in Ordnung. Wenn du auch gern etwas auf dem Kopf trägst, findest du hier jede Menge Mützen und Hüte. Welches Modell steht dir am besten?

Ein Krönchen mit Glitzersteinen für ganz besondere Anlässe

Baskenmütze

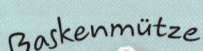

Eine Baskenmütze aus weichem Filz passt zu kühlen Herbsttagen.

Baseballkappe

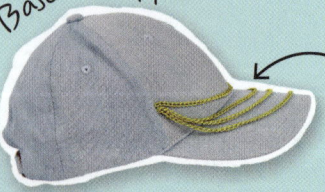

Eine Baseballkappe kannst du mit Blumen, Ketten, Borten oder Perlen verzieren. Das macht Spaß!

Strohhut

Einen Strohhut mit bunten Quasten kannst du am Strand, auf dem Markt oder zu einem Straßenfest tragen.

Haarband mit vielen Stoffblumen

Der Look

Dieses Mädchen hat einen ausgefallenen Stil: Ein Hut allein genügt ihr nicht. Sie hat ihn mit einem Band und Blumen geschmückt. Dazu trägt sie noch ein buntes Tuch, das ihr Gesicht umrahmt und prima zu dem lässigen T-Shirt passt.

Der Hut ist mit einem Band und Blumen hübsch verziert.

Unter dem Hut trägt das Mädchen ein Kopftuch mit buntem Muster.

Die breite Krempe des Strohhuts schützt vor der Sonne.

Du kannst auch ein buntes Tuch zum Dreieck falten, mit der Faltkante nach hinten um den Kopf legen und vorn verknoten.

Die Farben des T-Shirts passen zu Hut und Tuch.

Jacken

Mit Aufnähern oder Applikationen (siehe Seite 46–47) wirken sie gleich ganz anders.

Jeansjacke

Blouson

Parka

Kleider

Kleider können mal edel und mal ganz lässig aussehen. Trage doch auch mal ein Kleid zur Jeans.

Mit Falten

Gerade

Gestreift

ALTES neu KOMBINIERT

Bevor du dein Taschengeld für neue Klamotten ausgibst, schau lieber mal in deinen Schrank. Du kannst dich neu stylen, indem du deine Kleidungsstücke anders kombinierst – so wie dieses Kleid.

 ## Probier's aus!

Sortiere deine Kleidung in drei Stapeln – aber bitte besprich alles mit deinen Eltern.

☆ Zu klein? Gefällt dir nicht mehr? Verschenken oder in den Secondhandladen!

☆ Ein Fleck, ein Loch, aber ein Lieblingsteil? Aufpeppen (siehe Seite 74)!

☆ Kleidung, die du magst und behalten möchtest? Das sollte der größte Stapel sein.

Schultage

Wer sagt denn, dass du an normalen Schultagen nicht schick und sportlich aussehen kannst?

Ein Kleid, drei Outfits!

Suche dir einen wirklich schönen Rucksack aus. Du trägst ihn jeden Tag.

Wie wäre es mit bunten Schnürsenkeln?

Jeans mit Flicken sehen lässig aus.

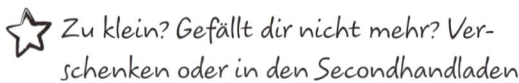

Jeans

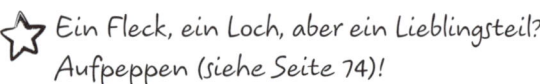

Leggings

Weite Hose

Hosen

Hosen müssen richtig gut passen. Auch die Länge muss stimmen, damit man deine Schuhe sieht.

Oberteile

Du kannst ein Top ohne Ärmel auch über einem Kleid oder einer Bluse tragen.

Ohne Ärmel

Mit Motiv

Geknöpft

Accessoires

Durch das richtige Zubehör wird ein Outfit erst so richtig interessant. Du wirst Komplimente ernten!

Haarband

Handtasche Rucksack

Kette

Du magst Jeansstoff? Auf Seite 30-31 steht, wie du eine Jeansjacke verzieren kannst.

Schnürbänder wie bei Ballettschuhen

Wochenende

Am Wochenende und in den Ferien kannst du Kleidungstücke anziehen, die du sonst selten trägst.

Ausgehen

Feste und Feiern bieten den passenden Rahmen für besondere Oufits. Achte aber darauf, dass deine Kleidung auch bequem ist.

Eine auffällige Kette – mehr Schmuck brauchst du nicht.

Verstecke das hübsche Kleid nicht!

Stimme Schuhe und Tasche aufeinander ab.

Strickjacke

Pullover

Sweatjacke

Pullover und Strickjacken

Egal, was du anziehst: Ein warmer Pulli oder eine Strickjacke passt immer noch darüber.

Sneaker

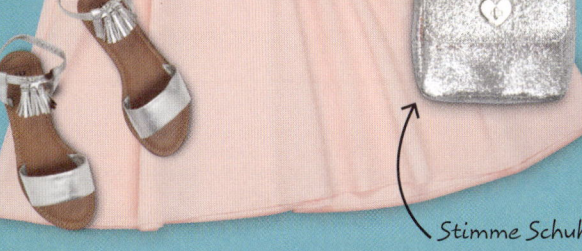

Ballerinas

Sandalen

Schuhe

In Schuhen aus natürlichem, luftdurchlässigem Material bekommst du keine Blasen oder Schweißfüße.

Farn

Stell mit diesen Farben aus der Natur ein Mood-board zusammen.

Erdbeerrot

Grasgrün

Himbeer-rosa

Lavendel

Helles Rosa

Zitronen-gelb

Immergrünes Blatt

Blätter kannst du aus grünem Filz ausschneiden oder auf Stoff drucken (siehe Seite 22–23).

Aus der NATUR

Bist du auf Ideensuche? Dann schau dich doch mal in der Natur um. Viele Blätter und Blüten haben tolle Farben oder Formen. Bei einem Spaziergang kommst du sicher auf neue Gestaltungsmöglichkeiten.

Mein Tipp

Zimmerpflanzen sehen toll aus. Du kennst dich mit Pflanzen nicht so gut aus? Dann schaffe dir einen Kaktus an: Er braucht nicht viel Pflege.

Gliederkaktus

Wie kannst du die raue oder stachlige Oberfläche von Kakteen in einen Entwurf einbauen?

Pfingstrose

Stachliger Kaktus

Mohn

Der Look

Dieses Outfit passt zu einem Mädchen, das gern im Garten herumschlendert oder dem Grau der Straßen ein bisschen kunterbunte Blütenpracht entgegensetzen möchte.

Als Haarschmuck eignen sich Blumen aus Stoff oder Plastik.

Zeichne deine Lieblingsblumen und baue dann einige in deine Entwürfe ein.

Auf dunklem Hintergrund sehen Blumen nicht so kindlich aus.

Gürtelschnalle in der Form eines Blatts

Der Hosenschnitt ist schlicht, aber das Grün fällt auf.

Blüten sehen hübsch aus. Es gibt sie in ganz vielen Farben, Formen und Größen.

Herz und Kaktus sind passende Aufnäher (siehe auch Seite 46–47).

Stiefeletten mit Holzsohle passen perfekt zum Natur-Look.

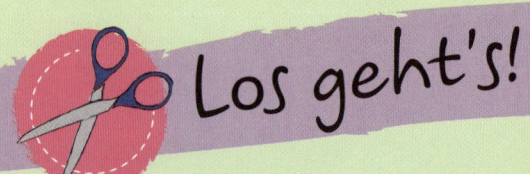
PANDA-AUFNÄHER

Aufnäher oder Applikation nennt man eine Form aus Stoff, die als Verzierung auf die Kleidung genäht oder gebügelt wird. So kann man einfache Kleidungsstücke aufpeppen. Hier erfährst du, wie du dabei vorgehst.

1 Zeichne dein Lieblingstier
Überlege dir, wie groß der Aufnäher werden soll, und zeichne das Tier in dieser Größe. Schneide alle Formen aus. Du brauchst sie als Schablonen für deinen Entwurf.

2 Aus Filz ausschneiden
Lege deine Papierformen auf Filz oder Stoff und zeichne die Umrisse nach. Schneide alle Teile sehr genau aus.

Ohren

Gesicht

Nase

Mund

Denke an die kleinen Einzelteile. ↗

3 Zusammenkleben

Klebe das Gesicht mit Textilkleber zusammen und lass es mindestens 1 Stunde trocknen. Danach kannst du mit dem Stoffmalstift Einzelheiten auf den Filz oder Stoff zeichnen.

Mein Tipp

Gib deinem Tier einen Lebensraum, indem du Bäume oder Blätter auf das T-Shirt malst. Schiebe vorher ein Stück Pappe hinein, damit die Farbe nicht zur Rückseite durchdringt. Pandas fressen am liebsten Bambus.

Das fertige T-Shirt

Grüne Textilfarbe für Blätter und Halme

4 Aufnähen

Wenn der Kleber ganz trocken ist, befestigst du das Gesicht mit Stecknadeln auf dem T-Shirt. Lass dir dabei ruhig helfen. Nähe es mit kleinen Vorstichen (siehe Seite 7) fest.

Probier's aus!

Wie wäre es statt des Pandas mit einer Katze, einem Fuchs oder vielleicht einer Qualle? Du kannst auch Pfotenspuren oder Zebrastreifen auf dein Shirt nähen.

MACH
– dein –
DING

Modedesigner und Film-stars haben oft besondere Erkennungszeichen. Vielleicht tragen sie immer ein kurzes schwarzes Kleid oder haben einen auffälligen Haarschnitt. Dadurch sind sie unverwechselbar. Was könnte dein typisches Merkmal sein?

Probier's aus!

Es ist nicht schlimm, wenn du nicht sofort weißt, was dich unverwechselbar macht. Überlege einmal, welche Kleidungsstücke du besonders oft trägst. Was haben sie gemeinsam? Solche Fragen helfen dir dein typisches Merkmal zu finden.

Lesleys Ding ...

Ich liebe meine **Brillen**. Als ich mit 8 Jahren die erste bekam, habe ich tagelang geweint. Aber dann habe ich viele Modelle entdeckt, die mir gut gefielen. Jetzt besitze ich fünf Brillen und kann jeden Tag eine andere Farbe tragen. Ich finde, Brillen sind wie Schmuck für das Gesicht.

Ich liebe meine Brillen!

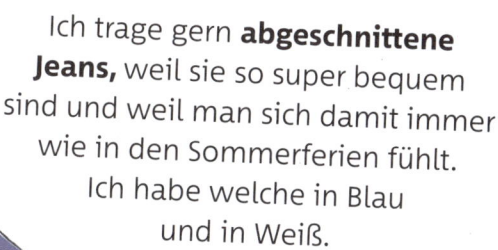

Ich trage gern **abgeschnittene Jeans,** weil sie so super bequem sind und weil man sich damit immer wie in den Sommerferien fühlt. Ich habe welche in Blau und in Weiß.

Abgeschnitten

Annas Ding ...

Ringel ahoi!

Mein Ding ...

Franzis Ding ...

Ich mag den Matrosenstil. Besonders gern habe ich mein **blau-weiß gestreiftes Shirt** aus den Ferien in Frankreich. Es passt so gut zu bequemen Jeans und zu meinem rosafarbenen Regenmantel.

FÜHL MAL!

Die einzelnen Stoffe fühlen sich ganz unterschiedlich an. Die Beschaffenheit der Stoffoberfläche nennt man Textur. Designer sorgen für Abwechslung, indem sie verschiedene Stoffe kombinieren oder mit Borten besetzen. Wie fühlt sich deine Kleidung an? Glatt, rau, flauschig – oder vielleicht kratzig?

Robust

Robuste Stoffe sind meistens schwer und dick. Aus Jeansstoff wurde früher Arbeitskleidung genäht, weil er so stabil und reißfest ist. Feste Stoffe bestehen aus vielen dünnen Fäden, die dicht gewebt sind.

Leder ist robust und angenehm zu tragen, aber teuer.

Leder

Kratzig

Kratzige Kleidungsstücke werden oft mit glatteren Stoffen gefüttert, um die Haut zu schützen. Manchmal werden sie auch nach dem Waschen weicher.

Jeansstoff ist widerstandsfähig und weich.

Jeansstoff

Spitze

Tüll

Pailletten

Pailletten sind winzige Scheiben aus schillerndem Plastik.

50

Glatt und rutschig

Glatte, rutschige Stoffe werden gern für festliche Kleidung verwendet, weil sie schön glänzen. Samt und Seide sind beliebte Stoffe für Abendkleider.

Probier's aus!

Suche aus deinem Schrank mindestens drei Teile mit verschiedenen Texturen heraus und ziehe sie an. So ein Outfit hast du noch nie getragen, stimmt's?

Leinen

Baumwolle

Seide

Samt

Wolle

Kunstpelz

Samt hat einen weichen Flor. So nennt man die vielen kleinen Fäden, die an seiner Oberfläche hochstehen.

Fleece

Leicht

Leichte Stoffe sind dünn. Sie eignen sich vor allem für Sommerkleidung, weil man in ihnen nicht so schnell schwitzt.

Warm und weich

Weiche, flauschige Stoffe halten uns im Winter schön warm. Sie sind meistens recht dick, weil sie aus kräftigen Fäden gewebt werden.

51

Gutes GEFÜHL

Stoffe bestehen aus vielen Fäden. Wie sich ein Stoff anfühlt, hängt davon ab, wie die Fäden gewebt oder gestrickt sind. Modedesigner kombinieren gern ganz verschiedene Stoffe. Probiere es einmal aus – dabei entstehen tolle Kontraste.

Gestrickt

Gestrickte Stoffe sind im Winter schön warm. Sie passen auch zu glatteren oder metallisch glänzenden Stoffen.

Auch zu einem gemütlichen Outfit passt eine große Kette.

Bitte anfassen

In der Modebranche sprechen die Menschen oft vom „Griff" eines Stoffs. Damit meinen sie, wie er sich anfühlt. Achte im Geschäft (oder in deinem Schrank) einmal genau auf den „Griff" der Stoffe. Sind sie weich, rau, knitterig oder flauschig?

Metallic-Schuhe bringen das Outfit zum Glänzen.

Knitterig

Crinkle-Stoffe sehen verknittert aus. Das gehört so: Bitte nicht bügeln!

Hochglanz

Kuschelweich

Schmuck aus hartem, glänzendem Metall oder Plastik bildet einen spannenden Kontrast zu weichem Sweatshirtstoff.

Ein mattes Sweatshirt über silbrigem, seidigem Stoff ist ein toller Mix.

Seidig

Seidige Stoffe sind perfekt für Haarschmuck. Weil sie so glatt sind, beschädigen sie deine Haare nicht.

Lagen-Look

Wähle zuerst ein einfaches Outfit und kombiniere dazu unterschiedliche Texturen. So ein Mix sieht nicht nur interessant aus, er fühlt sich auch toll an. Und wer sich gut fühlt, sieht gut aus.

Ganz schlichte Kombination als Basis

Flauschig

Flauschige, flache Hausschuhe sind bequem und gemütlich.

Ich berühre gern …

Ich fühle mich wohl in …

Meine Lieblingsstoffe

Welche Stoffe magst du am liebsten? Notiere sie hier oder in deinem Skizzenbuch. Bitte im Stoffgeschäft um Reste, die du für deine Moodboards verwenden kannst.

Muster

Punkte

Wellen

Hahnentritt

Kringel

Es macht Spaß mehrere Schwarz-Weiß-Muster zu mixen.

Mit Transferfolie kannst du ein Schwarz-Weiß-Foto auf ein T-Shirt aufbügeln.

Umrisse

SCHWARZ & WEIß

Designer lieben das Farbenpaar Schwarz und Weiß, weil es nie aus der Mode kommt. Es eignet sich für alle möglichen Kombinationen – von schlicht bis flippig. Hier findest du einige Vorschläge. Und was fällt dir dazu ein?

Magst du es wild? Wie wäre es mit Zebrastreifen?

Zebra

Kunstpelz in Schwarz-Weiß für einen Panda-Look

Nähe schwarze und weiße Knöpfe in verschiedenen Formen an deine Kleidung.

Panda

Dalmatiner haben viele kleine Flecken. Zeichne einen Entwurf mit diesem Muster.

Dalmatiner

Der Look

Schneeweiß und Pechschwarz:
Gegensätze ziehen sich an.
Die Vorbilder für diesen tollen,
lässigen Look sind verschiedene
Tiere mit schwarz-weißem Fell.

Gestreifte
Pullover sind
immer in Mode.

Schwarze und
weiße Armreife
aus Plastik

Panda-Schlüssel-
anhänger an der
Tasche

Langes weißes
Hemd unter einem
kürzeren Pullover

Jogginghosen mit
Streifen an den Seiten
sehen sportlich aus.

Mein Tipp

Wenn du ein Teil mit einem
wilden Muster trägst, sollte
der Rest schlicht aussehen.
Zu einer Leggings mit
Zebrastreifen ziehst du am
besten ein einfarbig schwarzes
oder weißes Top an.

Noch mehr
Schwarz-Weiß:
bequeme Slipper mit
Schachbrettmuster

55

WECHSELSPIELE

Schwarz-Weiß ist eine tolle Mischung, weil man mit ihr nichts falsch machen kann. Ganz egal, welche Muster und Stoffe du kombinierst: Es passt immer. Probiere doch einmal aus, welche neuen Outfits du aus deiner Kleidung zusammenstellen kannst.

Tauschen!

Gemustert

Sehr schick: ein weißer Rucksack mit schwarzen Reißverschlüssen

Ein weißer Rucksack mit schwarzen Punkten sieht witziger aus als ein einfarbiger.

Schwarz-Weiß ist eine klassische Kombination für Sneaker.

Farbklecks

Mit knalligen Schuhen kannst du ein schwarz-weißes Outfit prima aufpeppen.

Mal so, mal so

Kleidungsstücke können je nach Farbe ganz unterschiedlich wirken. Ein weißes Spitzenshirt sieht frisch und mädchenhaft aus. Das gleiche Shirt aus schwarzer Spitze erscheint erwachsener und etwas geheimnisvoll.

Eine (Kunst-) Lederjacke im Bikerstil sieht einfach cool aus.

Neuer Stil

Ein weißes Top zur Jeans ist tagsüber hübsch.

Für ein etwas frecheres Aussehen nimmst du besser das Top in Schwarz.

Schlichtes Ringelshirt im Matrosenstil

Ziehe statt eines T-Shirts doch mal ein kurzes Kleid mit Faltenrock zur Hose an.

Weiße Jeans sehen frisch und sauber aus. Schade, dass sie so leicht schmutzig werden!

Dschungelmuster

Probier's aus!

Versuche einmal eine Woche lang nur Schwarz und Weiß zu tragen. Mixe Muster oder kombiniere einfarbige Stücke nach Lust und Laune. Schreibe danach auf, welche Outfits dir am besten gefallen haben – und warum.

Eine Jogginghose mit wildem Muster ist bequem und nicht so empfindlich.

Setze beim Entwerfen Kopfhörer auf und höre Musik. Das bringt dich in die richtige Stimmung.

Knall-gelb

Stell mit diesen Farben ein Moodboard zum Thema Musik zusammen.

Lind-grün

Feuerrot

Kopfhörer

Kühles Blau

Dreh die MUSIK auf

Wenn man Schallwellen sichtbar machen könnte – wie würden sie wohl aussehen?

Orange

Wenn du Mode magst, dann gefällt dir bestimmt auch Musik. Beides hat viel miteinander zu tun. Designer brauchen Musik für ihre Shows und die Musiker wünschen sich Kleidung, mit der sie auf der Bühne gut aussehen. Außerdem kann Musik dir Ideen für deine Entwürfe liefern.

Lautsprecher

E-Gitarre

Konzert

E-Gitarren gibt es in allen Farben und verschiedenen Formen.

Echte Fans tragen T-Shirts von Konzerten oder Festivals, auf denen sie waren. Kannst du so ein Shirt entwerfen?

Der Look

Für einen Ausflug auf die Tanzfläche ist dieses Mädchen perfekt angezogen. Jeans, ein lässiges T-Shirt und große Blitz-Ohrringe sagen ganz deutlich: „Ich will tanzen." Dieses Outfit zieht sie bestimmt nicht nur einmal an.

Discokugel

⭐ Probier's aus!

Höre dir mindestens fünf verschiedene Musikstile an, zum Beispiel Jazz, Grunge, Rock, Pop und Hip-Hop. Entwirf danach ein Outfit zu der Musik, die dir am besten gefallen hat.

Die Kopfhörer sind immer dabei, damit sie ihre Lieblingslieder hören kann.

So eine Gitarre hat sie neulich beim Konzert ihrer Lieblingsband gesehen.

Das silbrige Kettenarmband schimmert wie eine Discokugel.

Die Tasche sieht aus wie eine alte Vinyl-Schallplatte.

Kleine Lautsprecher sorgen für den richtigen Sound beim Zeichnen.

In Hosen mit weiten, bunt bestickten Beinen kann man prima tanzen.

Sneaker im Rockstar-Stil mit Nieten auf der Kappe

ALLES GLITZERT

Pailletten, Glitzersteine und Glitzerpulver werten deine Ideen auf. Dabei gibt es keine Regeln. Du kannst nur ein bisschen Glitzer verwenden oder richtig aus dem Vollen schöpfen.

Klunker

Glitzersteine zaubern funkelnde Farben auf deine Handyhülle, aber zum Beispiel auch auf Taschen und sogar auf Schuhe.

Mit Glitzerfarbe kannst du Muster drucken oder malen.

Silber und Gold

Handyhülle mit Glitzersteinen

Überlege dir vorher, wie du die Steine anordnen willst. Achte darauf, dass du genug Platz hast.

Glitzerpulver glänzt im Licht. Es gibt ihn in vielen verschiedenen Farben.

Paillettenborte

Nähe die Borte mit durchsichtigem Nähgarn und winzigen Stichen fest.

Pailletten

Es ist ganz einfach Kleidung mit glitzernden Pailletten zu veredeln. Fädle durchsichtiges Garn durch das Öhr einer Nähnadel und stich durch das kleine Loch in der Mitte jeder Paillette, um sie anzunähen.

Bunter Glitzer

Glitzer

Glitzer-Nagellack kostet nicht viel. Im Drogeriemarkt bekommst du auch glitzernden Puder und abwaschbare Glitzer-Tattoos.

Leiste dir eine Flasche Glitzer-Nagellack in deiner Lieblingsfarbe.

Um Glitzerlack zu entfernen, gibst du etwas Nagellackentferner auf Watte und drückst sie für einige Sekunden auf die Nägel. Das löst den Nagellack.

Volles Glitzerprogramm

Hast du Lust einmal alles glitzern zu lassen – Kleid, Schuhe und Accessoires? Vielleicht sogar deine Haare? Du darfst ruhig dick auftragen. Wenn es zu viel wird, kannst du ja wieder etwas wegnehmen.

Paillettenkleid für ganz besondere Anlässe

Glitzernde Armreife, je mehr, desto besser. Vielleicht kannst du dir welche ausleihen?

Stecke deine Sachen in die Glitzertasche und los geht's!

Glitzersöckchen hat garantiert nicht jeder.

Metallisch glänzende Sandalen passen zum Partykleid, aber auch zur Jeans.

IN vollem GLANZ

Ob lässig oder schick: Mit einem glitzernden Outfit, das du selbst entworfen hast, machst du die Welt zu deinem Laufsteg.

Glitzer hier und da

Wenn du es nicht so auffällig magst, kannst du ein T-Shirt mit Pailletten oder Glitzersteinen verzieren. Dazu eine Jeans und schon kann der Spaß beginnen.

Aufnäher mit Pailletten für den lässigen Glitzer-Look

Accessoires in niedlichen Formen

Pailletten in der Farbe der Hose fallen nicht so stark auf.

Glitzerschuhe für den glänzenden Auftritt

Mein Tipp

Schau dir deinen Glitzer-Look in einem großen Spiegel an, bevor du aus dem Haus gehst. Woran bleiben deine Augen hängen? Und denke daran der Welt mit einem strahlenden Lächeln zu begegnen!

Gesicht und Haare

Gib Gel in die Bereiche deiner Haare, die glitzern sollen, und streue vorsichtig Glitzer darauf. Im Gesicht kannst du Glitzersteine mit Wimpernkleber befestigen.

Glitzer-Klebeband

Bestreue doppelseitiges Klebeband auf einer Seite mit Glitzer. Dann kannst du es als Borte auf deine Kleidung kleben. Vor dem Waschen entfernen!

Der letzte Schliff

Trau dich ruhig im Glitzer-Look unter die Leute. Es ist ja ganz nett Filmstars anzuschauen. Aber es macht noch viel mehr Spaß, selbst wie einer auszusehen.

Der Goldgehalt von Metall wird in Karat angegeben. Reines Gold hat 24 Karat.

Bettelarmband aus Silber

Silber

Granat

Diamant

Rubin

Amethyst

Perle

Saphir

Opal

Gold

Herz-Anhänger

Jeder Anhänger erinnert an einen wichtigen Tag in deinem Leben.

Ein großer Ring sorgt für Aufsehen.

Blütenring

Goldkette

Schöner SCHMUCK

Schmuck wurde früher als Glücksbringer und Schutz vor bösen Geistern getragen. Wenn du vor einer Klassenarbeit aufgeregt bist, lege doch mal ein Lieblings-Schmuckstück an. Bestimmt fühlst du dich gleich ein bisschen sicherer.

Hänge deine Ketten auf, wenn du sie nicht trägst. Dann können sie sich nicht verheddern.

Eulenbrosche

Broschen sind wie kleine Bilder. Du kannst sie an T-Shirts, Pullover, Jacken oder sogar Mützen stecken.

Ohrringe gibt es in vielen Formen. Wer keine Ohrlöcher hat, nimmt einfach Ohrclips.

Eine Kette aus bunten Glasperlen kannst du selbst anfertigen oder kaufen. Am schönsten sind mehrere Reihen in verschiedenen Längen. Auf einem schlichten T-Shirt sieht man sie besonders gut.

Glasperlenkette

Smaragd

Peridot

Entwirf ein
Schmuckstück mit
dem Edelstein, der
dir am besten gefällt.

Topas

Aquamarin

Türkis

Der Look

Schmuck soll immer zu seiner Trägerin passen.
Die Regeln bestimmst du selbst. Du kannst wenige
Lieblingsstücke anlegen oder wie dieses Mädchen
richtig dick auftragen.

Warum immer
nur Ketten?
Entwirf auch
mal Schmuck
für deine Haare
oder Hände.

Bastle zwei gleiche
Freundschaftsarmbänder
und schenke eins deiner
besten Freundin.

Dieses Mädchen trägt am
liebsten Herz-Ohrringe.
Halbmonde, Sterne oder Eis-
waffeln sehen auch toll aus.

Wenn die Kette
so auffällig ist,
muss das T-Shirt
ganz schlicht sein.

Anhänger können
klitzeklein oder
riesengroß sein.
Gefällt dir dieser
bunte Riesenvogel?

Königs-
blau

Gold-
gelb

Entwirf mit diesen
königlichen Farben
ein Outfit im
ägyptischen Stil.

Dunkelrot

Türkis

Perlenkette

Die Ägypter
trugen edle
Gewänder mit
Falten.

Wie die ALTEN ÄGYPTER

Königin Nofretete war eine
berühmte Schönheit. Sie
regierte mit ihrem Ehe-
mann um 1300 v. Chr.

Nofretete

Armreif

Die alten Ägypter sind für ihre Kunst und
ihre Bauwerke berühmt. Wir wissen viel über
ihre Geschichte und auch darüber, wie sie sich
kleideten und schminkten. Hast du Lust auf eine
Zeitreise? Dann entwirf doch einige Modelle im
Stil der alten Ägypter.

Der Skarabäus war
der Lieblingskäfer
der alten Ägypter.

Die Maske von König
Tutanchamun besteht
aus echtem Gold und
Edelsteinen.

Skarabäus-Brosche

Heiliges Auge

Tutanchamun

Der Look

Dieses Mädchen trägt ein Faltenkleid zu einem Blouson und auffälligem Schmuck. Gold war im alten Ägypten sehr beliebt. Darum passen Stücke in Gold, Kupfer und Bronze am besten zu dieser Kombination.

Violett

Probier's aus!

Lade deine Freundinnen zu einer ägyptischen Tauschparty ein, zu der jede etwas mitbringt: goldfarbene Anhänger, königsblauen Nagellack oder einen Ring mit Glitzersteinen. Und dann wird getauscht!

Schlinge das Tuch so elegant wie Königin Nofretete um deinen Kopf.

Große Ohrringe, Ringe und Armreife: Die Ägypter trugen viel Schmuck!

Seidiger Blouson mit einem Skarabäus auf der Vorderseite

Ein Kleid mit Falten – wie die edlen Gewänder der Ägypter

Goldenes Schlangenarmband

Trage dazu schlichte Pantoletten, Sandalen mit Knoten oder gehe einfach barfuß.

Gemütlich WARM

Ob dicker Pullover oder Regenjacke mit Sternen: Im Herbst und Winter geht es vor allem darum warm und trocken zu bleiben. Hier findest du Vorschläge, die dir bei deinen eigenen Entwürfen weiterhelfen können.

Wie eine Zwiebel

An manchen Tagen ist es ungemütlich kühl, aber noch nicht richtig winterlich kalt. Dann ziehst du am besten mehrere Schichten übereinander an. Ein Cape oder ein leichter Schal schützen dich vor stürmischem Wind.

Die Regenjacke mit Sternchen sorgt für gute Laune.

Dicker Pullover, weit wie ein Cape

Herbstregen

An kalten Regentagen bist du mit Gummistiefeln, einer trendigen Regenjacke und einem Schirm gut ausgerüstet.

Bunte Kniestrümpfe dürfen oben aus den Stiefeln ragen.

Cord ist ein angenehmer Stoff für kühle Tage.

Gummistiefel gibt es mit vielen bunten Mustern.

Schlinge einen warmen Rundschal um deinen Hals.

Wollmützen sind schön weich und warm. Zwei Pompons hat nicht jeder!

Probier's aus!

Ziehe im Herbst ruhig hellere Farben wie Cremeweiß, Beige oder Senfgelb an. Wo steht geschrieben, dass man an dunklen Tagen keine hellen Farben tragen kann? Entwirf farbenfrohe Jacken und Mäntel in verschiedenen Farben und Mustern.

Winterwetter

Nimm dir Zeit für die Wahl deiner Winter-jacke, schließlich wirst du sie in der kalten Jahreszeit jeden Tag tragen.

Suche dir eine leichte, aber warme Steppjacke in deiner Lieblingsfarbe aus.

Mit bequemen Stiefeletten bist du gut unterwegs.

In Stiefeln mit Fellfutter frieren auch deine Zehen nicht.

Bündchen halten deine Beine warm.

MODE-FOTOS

Modedesigner brauchen gute Fotos für ihre Websites, Modenschauen und Zeitschriften. Lass dich fotografieren, wenn du einen eigenen Entwurf trägst. Es kann auch ein Outfit sein, das du in diesem Buch entdeckt hast. Am besten triffst du dich dafür mit Freundinnen.

So gelingen gute Fotos

 Verabrede dich mit Freundinnen und plant zusammen eure Foto-Session.

 Bringt euch mit Musik in Stimmung.

 Fotografiert am besten bei Tageslicht.

 Stehe möglichst gerade.

 Wenn du dich unwohl fühlst, schließe einen Moment die Augen und denke an etwas Schönes.

 LÄCHELN! (Fotos müssen nicht ernst aussehen. Habt Spaß dabei!)

In der Natur

Bei Tageslicht gelingen Fotos am besten. Natürlich ist es schön, wenn die Sonne scheint, aber auch an bedeckten Tagen ist es hell genug.

Für Wolken im Hintergrund muss der Fotograf tief in die Hocke gehen.

Besonders hübsch und natürlich sieht es aus, wenn Blüten und Blätter dein Gesicht umrahmen.

Verwendet auch Schmuckelemente wie Blumen, Luftballons oder kleine Spielsachen.

In der Stadt

Für Mode im Street-Style ist die Stadt die passende Umgebung. Danach kannst du aus deinen Fotos auch eine selbst gemachte Zeitschrift mit eigenen Entwürfen zusammenstellen.

In deinem Zimmer

Professionelle Fotografen arbeiten mit einem ganzen Team, damit alles wirklich gut aussieht. Für Nahaufnahmen kannst du selbst einen Hintergrund basteln. Wenn möglich, solltet ihr im Tageslicht in der Nähe eines Fensters fotografieren.

Die Anordnung der Elemente auf dem Foto nennt man Komposition. Dazu gehörst du ebenso wie der Hintergrund.

Schaut euch vorher nach interessanten Plätzen um oder versucht Bekanntes mal anders zu sehen.

Achtet auf abwechslungsreiche Hintergründe, in der Stadt zum Beispiel Ziegelsteine, Beton oder Metall (auch rostiges).

Luftschlangen oder selbst geschnittene Streifen aus buntem Krepppapier sind ein toller Hintergrund.

Wie wäre es mit einem Hintergrund aus Papierstücken in verschiedenen geometrischen Formen?

Vor einem einfarbigen Hintergrund sieht man Umrisse und Texturen am besten. Dafür brauchst du einen großen Bogen farbiges Papier.

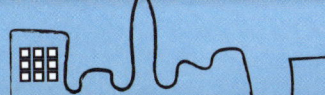

Gehe im Weltraum auf Ideensuche. Zeichne einen silbrig glänzenden Mond und kleine Sterne.

Wolkengrau

Nachtblau

Entwirf traumhafte Schlafkleidung in den Farben des Nachthimmels.

Mond und Sterne

Hellblau

Lichterkette

Gute NACHT!

Abende, an denen man mit der Familie oder guten Freunden ganz lange aufbleiben darf, sind einfach großartig. Und wenn es dann ins Bett geht, kuschelst du dich in deinen gemütlichen Schlafanzug oder dein Schlafshirt. Hier findest du Ideen dafür. Träume schön!

Eine Lichterkette ist eine hübsche Dekoration für dein Zimmer.

Müder Eisbär

Kissenschlacht!

Wusstest du, dass Katzen 16–20 Stunden am Tag schlafen? Versuche einmal ihr weiches Fell und ihr entspanntes Wesen in einen Entwurf einzubauen.

Daunendecken sind mit Federn von Enten oder Gänsen gefüllt.

Federn sind oben glatt und unten flauschig.

Mein Tipp

Eine schöne Feder kannst du auch als Lesezeichen benutzen. Oder beklebe einen Pappstreifen mit Kleinigkeiten aus deinem Bastelvorrat.

Der Look

Mach es dir gemütlich, wenn eine Freundin bei dir schläft oder wenn du mit der Familie einen Film ansehen darfst. Für Schlafanzug oder -shirt wählst du am besten weiche, kuschlige Stoffe, die zudem auch toll aussehen.

Den schmalen gelben Streifen am Halsausschnitt nennt man Paspel.

Dein Nachthemd kannst du mit einem Aufnäher verzieren (siehe Seite 46–47). Wie gefällt dir diese Weltraum-Katze?

Langes Schlafshirt in der Farbe des Nachthimmels

Lies im Bett ein spannendes Buch oder schreibe nach dem Aufwachen in dein Tagebuch, was du geträumt hast.

Große Taschen für kleine Schätze oder einen Stift und dein Tagebuch

Denke beim Entwerfen an die Jahreszeit. Kuschliges Fleece passt zum Winter. Für den Sommer nimmst du besser leichte Baumwolle.

Hausschuhe mit Teddy-Gesichtern halten die Füße warm.

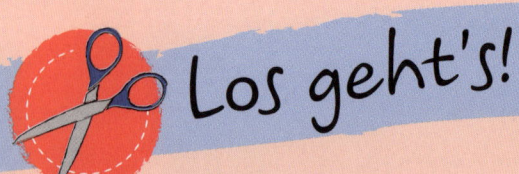

AUFPEPPEN!

Alte Kleidungsstücke, die du nicht mehr so gern magst, kannst du noch retten! Den Vorstich hast du schon gelernt (siehe Seite 7). Schnapp dir dein Nähzeug und mach aus einer alten Bluse ein neues Lieblingsstück.

Wenn du kein passendes Nähgarn hast, nimm eine Kontrastfarbe.

Du brauchst:

☆ Eine langweilige Bluse

☆ Nadel und Faden

☆ Knöpfe und Verschlüsse

☆ Stoffreste

☆ Spitze

Nachher: wie neu!

Diese verschnörkelten Verschlüsse heißen Posamenten.

1 Andere Ärmel

Kremple die Ärmel hoch und befestige sie mit Verschlüssen. Du kannst sie auch abschneiden und mit kleinen Vorstichen säumen.

Vorher

2 Spitzenkragen

Stecke die Spitze am Kragen fest, um sicherzugehen, dass die Länge stimmt. Nähe sie dann mit Vorstichen glatt und gerade fest.

So ein Spitzen-kragen sieht auch an einem T-Shirt süß aus.

Die Oberkante der Tasche darfst du nicht an der Bluse festnähen, sonst kannst du nichts hineinstecken.

3 Tasche

Schneide aus einem anderen Stoff eine Tasche aus und nähe sie fest. Du kannst die Ränder sauber einschlagen. Es sieht aber auch schön aus, wenn du sie ausfranst.

Nähe die Kanten mit kleinen Stichen fest, damit der Stoff nicht zu weit ausfranst.

4 Neue Knöpfe

Langweilige Knöpfe sind ganz einfach auszutauschen. Entscheide selbst, ob du viele gleiche oder ganz verschiedene Knöpfe benutzen möchtest.

Probier's aus!

In Indien haben die Menschen schon vor 4000 Jahren Knöpfe aus Muscheln hergestellt. Moderne Designer verwenden Bänder, Sicherheitsnadeln oder Druckknöpfe. Fallen dir noch mehr Verschlüsse ein?

Dein Design ... T-SHIRTS

Gestalte doch mal ein T-Shirt ganz nach deinem Geschmack. Entwirf ein Muster oder überlege dir Motive. Denke dabei an deinen Lieblingssport, dein Haustier oder etwas, das du gern isst.

Dein Style!
Auf diesem weißen T-Shirt ist alles erlaubt.

Nimm deine Lieblingsfarben.

Zeichne, was du gern hast.

Wie wäre es mit Wörtern oder einem Satz?

Hey!

Cool

Ich liebe Glitzer!

Überlege dir
ein Muster
aus einfachen
Formen oder
Symbolen.

Entwirf
dein Logo.

Entwirf ein
Logo mit deinem
Namen und einem
Symbol. Eine oder
zwei Farben sind
genug!

Welcher
Abschluss passt
hierhin?

Dein Design ... HOSEN

Wähle eine Form aus und entscheide dich dann für coole Extras. Zeichne zuerst in diese Vorlagen, bevor du in deinem Skizzenbuch weitere Modelle entwirfst.

Borten

Sie sehen am Hosenbund oder an den Hosenbeinen gut aus.

Pompons

Blumen

Muster

Soll die ganze Hose gemustert sein oder nur ein Teil davon?

Meine Hosenform

Welche Form gefällt dir am besten? Zu welcher Gelegenheit würdest du die Hose anziehen?

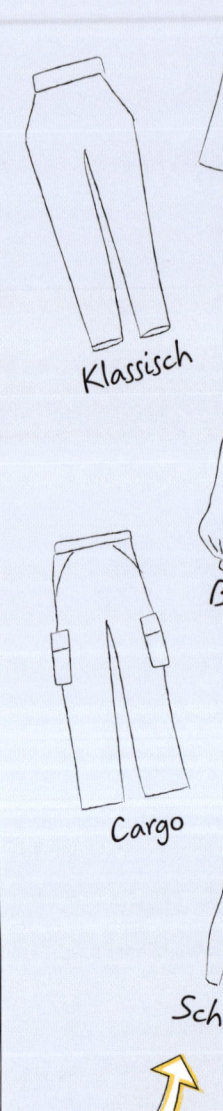

Weit

Klassisch

Baggy

Cargo

Schmal

Zeichne diese Formen in dein Skizzenbuch und gestalte sie farbig.

Zeichne hochgekrempelte Beine.

Gerades Bein

Welche Farbe?

Bunte Hosen sind ein Blickfang.

Vorn

Jeans zeichnen

Achte auf die Kleinigkeiten, damit deine Hose wie eine echte Jeans aussieht. Male sie blau an und vergiss die Nieten an den Taschen nicht.

Wie wäre es mit Rissen oder abgewetzten Stellen?

Ein Gürtel gehört auch dazu.

Hinten

Aufnäher

Entwirf Aufnäher mit deinen Lieblingsmotiven.

Dein Design ... RÖCKE

Hier findest du verschiedene Vorlagen für Röcke. Suche zuerst eine Form aus und zeichne dann Farben und Muster. Fallen dir auch interessante Details und Verzierungen ein?

Würdest du diesen Rock zu einer Party oder in den Park anziehen?

Weit

Entwirf einen Stoff.

Entwirf verrückte Muster für deinen Rock (Ideen auf Seite 20–21). Welche Muster passen zu weiten Röcken, welche zu engen?

Zeichne Nähte in Kontrastfarbe

Hättest du gern Knöpfe?

Schmal

Bitte mit Tasche!

Magst du lieber kleine oder große Taschen? Zeichne eine Tasche ein.

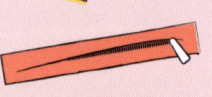

Kannst du eine Borte ans Taillenbündchen zeichnen?

Zeichne ein vollständiges Outfit.

Denke an die Haare und die Hautfarbe.

Faltenrock

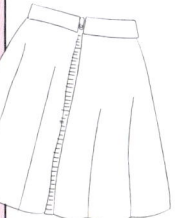

Welches Top ergänzt deinen Rock am besten?

Entwirf in deinem Skizzenbuch Röcke in verschiedenen Längen: Mini, Maxi und knielang.

Maxi

Ein Rock in zwei Längen? Lass dir etwas einfallen!

Zeichne Schuhe, die zum Rock passen.

Gekräuselt

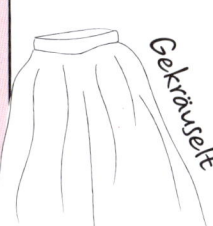

Dein Design ... HALSKETTEN

Halsketten können fein und zierlich oder groß und auffällig sein.
Entwirf eine Kette mit Namensschild oder zeichne einen Anhänger.
Die Form kannst du selbst bestimmen.

Eine Kette kann aus mehreren Reihen Pailletten oder Perlen bestehen.

Ideen findest du auf Seite 64–65.

Hier kannst du deinen Entwurf ausprobieren.

Bunte Plastikperlen oder Glitzersteine?

Mützen und Hüte sind tolle Accessoires. Sie vervollständigen jedes Outfit. Zeichne hier deine Ideen auf, von der warmen Wollmütze für frostige Tage bis zum sommerlichen Strohhut.

Schau dir die Beispiele auf Seite 40–41 an.

Wo würdest du dein Lieblings-teil tragen?

Ist es ein Modell für den Sommer oder den Winter?

Verziere deinen Entwurf mit Federn oder Bändern.

Dein Design ... TASCHEN

Meistens tragen wir mehr mit uns herum, als in die Hosentasche passt. Entwirf eine Tasche, die groß genug ist für alles, was du brauchst: Skizzenbuch, Stifte und vielleicht einen Ersatzpullover.

Was würdest du in deiner Tasche mitnehmen?

Vergiss nicht das Futter und die Innentasche.

Welchen Verschluss hat deine Tasche?

Noch mehr Taschen findest du auf Seite 24–25.

Reißverschluss

Knöpfe

Dein Design ... SCHUHE

Schuhe bestehen aus einer Sohle und einem Oberteil. Meistens haben sie Schnürsenkel oder einen Klettverschluss. Du kannst zuerst Ideen an dieser Vorlage ausprobieren und dann eigene Entwürfe zeichnen.

Nimm für Sohle und Oberteil verschiedene Farben.

Entwirf ein Muster für das Oberteil des Schuhs.

Wie wäre es mit einer großen Schleife oder lustigen Quasten?

Zeichne Sandalen für den Sommer (siehe Seite 34).

Entwirf ein Paar warme Winterstiefel.

Quasten

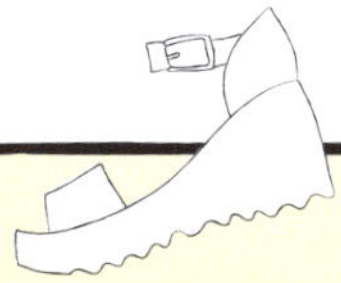

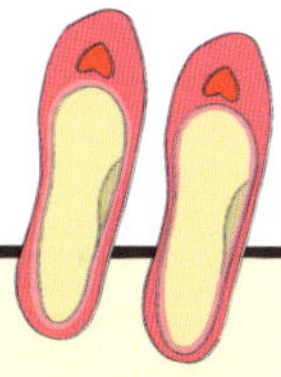

Schnalle

Dein Design ... KLEIDER

Ein Kleid kann sportlich oder lässig, romantisch oder festlich aussehen. Entwirf gleich zwei Modelle: eins für einen Ausflug und eins für ein besonderes Fest. Was sind die wichtigsten Unterschiede?

Welche Form hat dein Kleid?

Schreibe auf, wie sich der Stoff für dein Kleid anfühlen soll.

Dein Traumkleid

Wie lang ist dein Kleid?

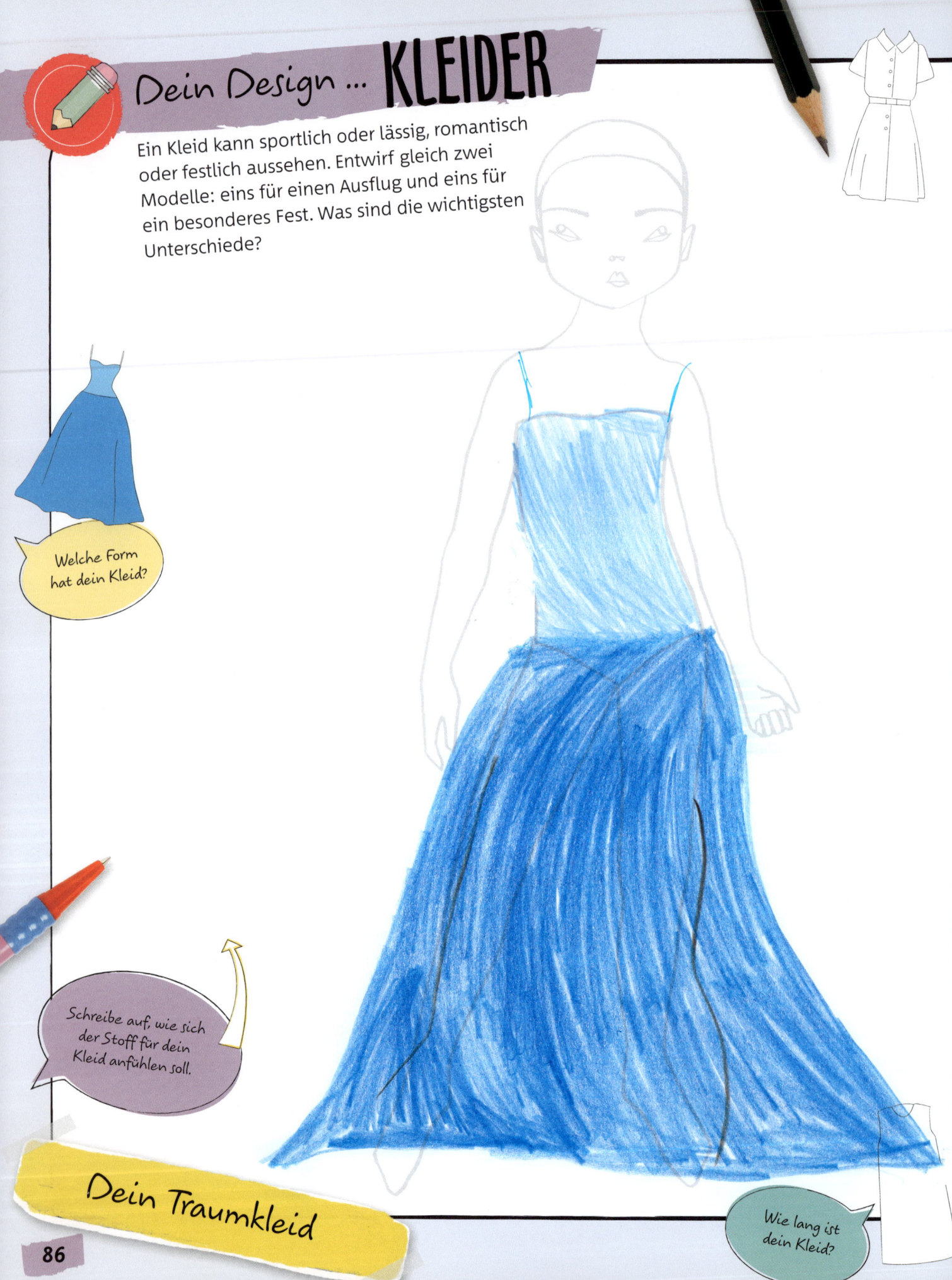

Nun hast du alle Einzelteile gezeichnet, vom Rock bis zum Oberteil. Hier kannst du sie zu einem Outfit ganz nach deinem Geschmack zusammenstellen.

Suche zuerst eine Farbpalette aus, die dir gefällt.

Sammle auf einem Moodboard die besten Ideen für deinen Look.

Wo würdest du dieses Outfit tragen?

Zeichne zwei komplette Outfits.

Ist dein Stil schlicht und edel?

Oder bunt und etwas wild?

Denke an Hut, Mütze oder Haarband.

Entwirf ein Outfit für einen tollen Ausflug.

Entwirfst du Modelle für Sonnen- oder Regentage?

Nimm dicke und dünne Stifte, um größere Formen und kleine Einzelheiten zu zeichnen.

Kurze oder lange Hosen, Röcke oder
Kleider, Overalls oder Jeans, T-Shirts oder
Blusen: Hier kannst du kombinieren,
was dir am besten gefällt.

Blättere im vorderen
Teil des Buchs, wenn du
Anregungen brauchst.

Wie wäre es mit
einer Jacke oder
einem Mantel?
Ideen findest du
auf Seite 68–69.

Lass dir etwas einfallen!

Probiere Modelle mit
Betonung des Unter-
oder Oberkörpers aus.

Wie kommst du auf Ideen?

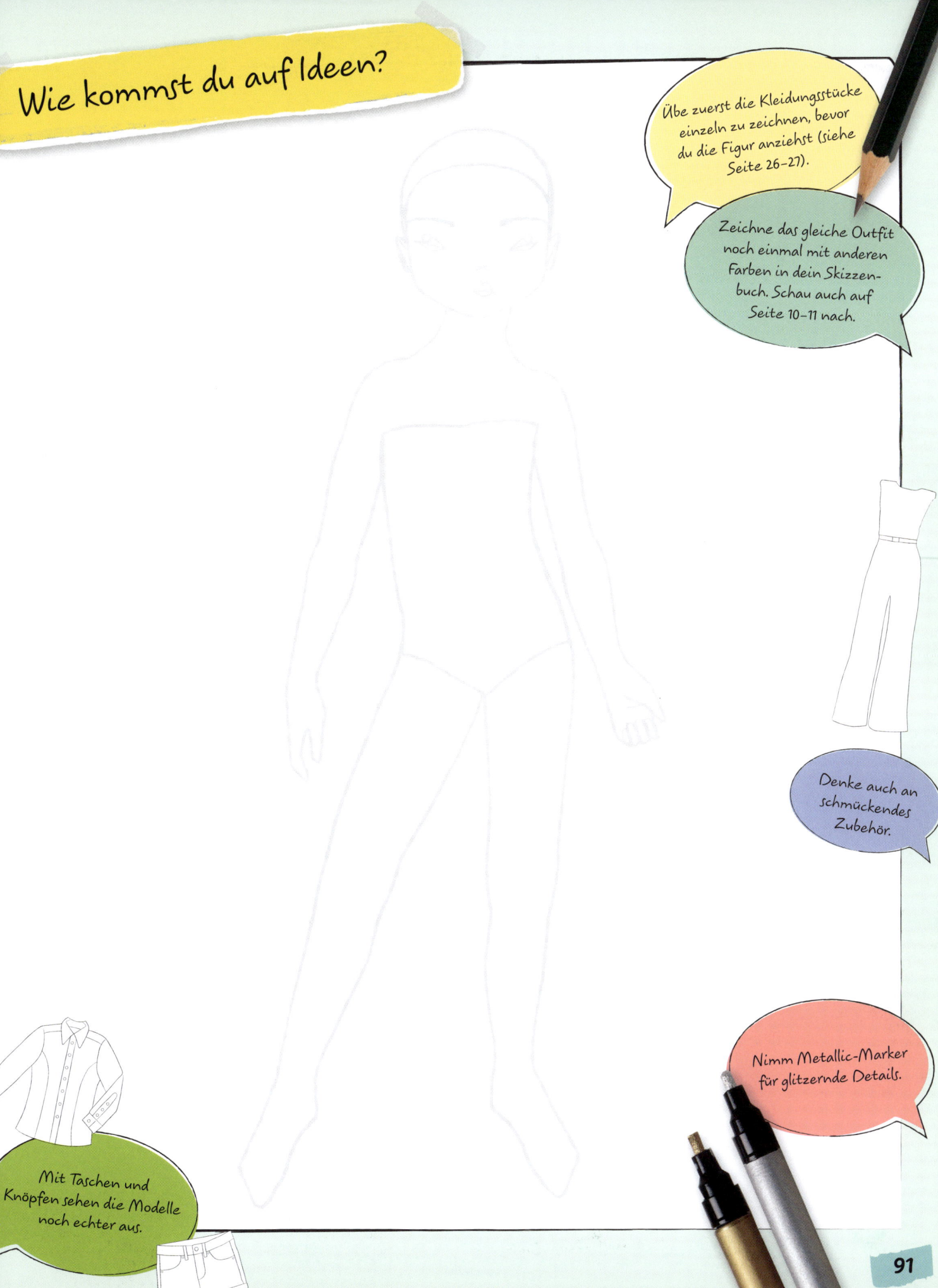

Übe zuerst die Kleidungsstücke einzeln zu zeichnen, bevor du die Figur anziehst (siehe Seite 26–27).

Zeichne das gleiche Outfit noch einmal mit anderen Farben in dein Skizzenbuch. Schau auch auf Seite 10–11 nach.

Denke auch an schmückendes Zubehör.

Nimm Metallic-Marker für glitzernde Details.

Mit Taschen und Knöpfen sehen die Modelle noch echter aus.

Design-
FACHBEGRIFFE

Designer benutzen besondere Fachausdrücke, um ihre Entwürfe zu beschreiben. Hier werden einige davon erklärt.

Accessoires

Extras wie Schmuck, Hüte oder Taschen, die ein Outfit vervollständigen.

Applikation

Ist eine Form aus Stoff, die als Verzierung auf Kleidung genäht wird.

Blockstreifen

Besonders breite Streifen in verschiedenen Farben.

Borte

Ein hübsches Band, das als Verzierung auf Kleidung genäht ist.

Färben

Stoff mit einem Mittel behandeln, um ihm eine andere Farbe zu geben.

Farbpalette

Eine bestimmte Auswahl von Farben, die ein Designer für seine Entwürfe benutzt.

Fasern

Dünne Fäden, aus denen Stoffe hergestellt werden.

Fransen

Fäden, die an einer Stoffkante herabhängen – als Verzierung oder weil der Stoff abgenutzt ist.

Garderobe

1. Haken oder Stange, um Kleidung aufzuhängen.

2. Die gesamte Kleidung, die eine Person besitzt.

Inspiration

Anregung, die dich auf Ideen bringt.

Kontur

Die Form, die der Umriss eines Outfits bildet.

Logo

Ein Symbol oder eine Abkürzung, an der man die Mode eines bestimmten Herstellers erkennt.

Look

Vollständiges Outfit inklusive Frisur und Schminke.

Modedesigner

Jemand, dessen Beruf es ist neue Kleidungsstücke zu entwerfen.

Moodboard

Pinnwand mit Farben, Stoffen, Fotos und anderen Dingen, die ein Designer benutzt, um Ideen zu entwickeln oder anderen seine Ideen zu erklären.

Muster

1. Ein Design auf Stoff, das sich sehr oft wiederholt, zum Beispiel Streifen, Karos oder Punkte.

2. Ein kleines Stück Stoff.

Nachhaltige Mode

Kleidung und Accessoires, die hergestellt wurden, ohne der Natur oder Menschen zu schaden.

Naturfaser

Fasern, die aus Pflanzen oder Tierhaaren hergestellt werden, zum Beispiel Baumwolle und Wolle.

Outfit

Kleidungsstücke und Accessoires, die man zusammen trägt.

Pastellfarben

Helle, zarte Farben wie Rosa oder Hellblau.

Recyceln

Etwas Gebrauchtes nicht wegwerfen, sondern erneut verwenden.

Saum

Die umgeschlagene und festgenähte Kante eines Kleidungsstücks.

Silhouette

Ein anderes Wort für Kontur.

Stil

Charakteristische Art in der eine Person ihre Kleidung und Accessoires zusammenstellt.

Style

Englischer Ausdruck für Stil, der in der Modebranche häufig verwendet wird.

Stylist

Jemand, dessen Beruf es ist Kleidung und Accessoires zusammenzustellen.

Synthetik

Stoff aus Fasern, die von Menschen hergestellt wurden.

Textur

Die Oberfläche eines Stoffs und die Art, wie er sich anfühlt.

Ton in Ton

Stoff oder Kleidung in nur einer Farbe mit unterschiedlich hellen und dunklen Tönen dieser Farbe.

Trend

Kleidungsstil, der zu einer bestimmten Zeit beliebt und modern ist.

Upcycling

So nennt man es, wenn man Kleidungsstücke, die man normalerweise nicht mehr tragen würde, verschönert und anschließend wieder benutzt.

Vintage

Mode aus vergangenen Zeiten, zum Beispiel den 1980er-Jahren.

REGISTER

DANK

Der Herausgeber bedankt sich bei Lol Johnson und Richard Leeney für Fotos; Belle Thackray und Issy Thomson für Interviews und die Mitarbeit als Models; Yumiko Tahata and Maria Thomson für die Mitwirkung bei den Fotoshootings; Bettie Capstick, Lola Capstick, Tea Cruz, Chloe Alyse Hadley und Be Lily Hill für die Mitarbeit als Models; Jemma Battaglia and Nicola Orme von Alison Hayes für die Bereitstellung von Mustern; Amina Youssef für das Lektorat; Carrie Love für Mitwirkung im Lektorat; Molly Lattin für zusätzliche Illustrationen.

Lesley Ware bedankt sich bei ihren Eltern Gwendolyn und Herbert Leslie Williams, deren coolen Stil sie bewundert, sowie dem kompetenten Team bei DK Books, vor allem Sarah Larter, Satu Fox, Joanne Clark und Emma Hobson, mit denen sie intensiv zusammengearbeitet hat. Vielen Dank auch an Tiki Papier für die zauberhaften Zeichnungen der World's Most Fashionable Paper Doll!

Der Verlag dankt folgenden Personen und Organisationen für die freundliche Genehmigung zum Abdruck von Fotos:

(Abkürzungen: o = oben, u = unten, m = Mitte, l = links, r = rechts, g = ganz, Hg = Hintergrund)

2–3 123RF.com: Natalia Petrova/artnata (u/Glitzer). **2 123RF.com:** Natalia Petrova/artnata (gom). **Dorling Kindersley:** Natural History Museum, London (gor). **4 Eli Dagostino:** (gor, ul). **8 Getty Images:** Image by Catherine MacBride (gor). **8–9 Getty Images:** Daniel Zuchnik (mu). 9 Alamy Stock Photo: Gina Easley (mru). **Getty Images:** Tracy Packer (mu). **12 123RF.com:** Edlefler (ml); Moise Marius Dorin (um); Glebstock (ur). **Dreamstime.com:** (mlo). **12–13 Dreamstime.com:** Burlesck (m). **28 123RF.com:** Frannyanne (gol); Ruth Black (ul, um); Michal Vitek (um/Süßigkeiten). **28–29 123RF.com:** Amarosy (mu); Grafner (go). **29 123RF.com:** Amarosy (ul). **36 123RF.com:** Petra Schüller/pixelelfe (um); Sergey Novikov (gol). **Alamy Stock Photo:** Feng Yu (mu); Miscellaneoustock (mlu). **37 Dreamstime.com:** Ukrphoto (mlo). **40 123RF.com:** vitality73 (ml). **Alamy Stock Photo:** Image Source (um). Dreamstime.com: Lepas (mlu). **40–41 Getty Images:** Naila Ruechel (u). **44 123RF.com:** Marigranula (ugl). **Dreamstime.com:** Oleksiy Maksymenko/Alexmax (gol). **45 123RF.com:** Roman Samokhin (mlu). **54 123RF.com:** isselee (um). **Fotolia:** Eric Isselee (um/Welpe); Jan Will (ul). **54–55 Dreamstime.com:** Stephanie Berg (go). **58 123RF.com:** Alex Kalmbach (ul); Elena Vagengeim (gol); Pockygallery (mla); Iryna Denysova (mo); Terriana (Musiknoten). **58–59 123RF.com:** Olaf Herschbach (u). **Dreamstime.com:** Vsg Art Stock Photography And Paintings (mu). **60 Dreamstime.com:** Aleksey Boldin/Apple und iPhone sind Marken von Apple Inc., sie sind in den USA und anderen Ländern registriert (ul).

61 123RF.com: Nina Demianenko (ur). **62 123RF.com:** Natalia Petrova/artnata (ul/Glitzer). **Dreamstime.com:** Ambientideas (gol). **63 123RF.com:** Natalia Petrova/artnata (ur/Glitzer). **Dreamstime.com:** Ambientideas (mlu, gor). **64 123RF.com:** Laurent Renault (mogr). **Alamy Stock Photo:** Hugh Threlfall (gom). **Dorling Kindersley:** Natural History Museum (mro); Natural History Museum, London (mra/Saphir). **Dreamstime.com:** Konstantin Kirillov (ml). **64–65 Depositphotos Inc:** Balakleypb (m). **Dorling Kindersley:** Natural History Museum (mo, gom). **65 Dorling Kindersley:** Natural History Museum, London (mlo/Topas, mo). **66 Alamy Stock Photo:** J Marshall - Tribaleye Images (gol). **Dorling Kindersley:** Kairo Museum (ul); Gary Ombler/University of Pennsylvania Museum of Archaeology and Anthropology (gom); Ure Museum of Greek Archaeology, University of Reading (mu). **Getty Images:** DEA/S. Vannini/De Agostini (ul/Pectoral). **66–67 Alamy Stock Photo:** Heritage Image Partnership Ltd (m). **Dorling Kindersley:** Kairo Museum (u). **70 Cassie Wagler:** (mr). Getty Images: Carol Yepes (ur). iStockphoto.com: Podulka (mro). **71 Cassie Wagler:** (mlu, um). **Getty Images:** Juan Jimenez/EyeEm (ml). **72 123RF.com:** Nazarnj (mlo). **Dreamstime.com:** Guy Sagi/Gsagi13 (ul); Igor Korionov (gol); Mustafanc (mlu); Kati Molin/Molka (ur). **72–73 123RF.com:** Bernd Schmidt (mu). **92 123RF.com:** Nina Demianenko (um). **Dreamstime.com:** Guy Sagi/Gsagi13 (ul).

Alle anderen Abbildungen
© Dorling Kindersley
Weitere Informationen unter
www.dkimages.com

Die Illustratorin

Tiki Papier begeistert sich für Mode. Die abenteuerlustige Zeichnerin reist gern durch die Welt und ihr Maskottchen, The World's Most Fashionable Paper Doll, ist immer dabei.

Wenn Tiki auf Reisen geht, hat sie stets ein großes Paket Stifte und eine kleine Schere im Gepäck, um für ihre Papierfigur neue Outfits zu erfinden. Ob in Mexiko, Paris oder im Laden an der Ecke: Ideen findet Tiki überall.

Noch mehr Bücher mit kreativen Ideen:

Zöpfe, Knoten, Flechtfrisuren
€ 9,95 [D] / € 10,30 [A]
978-3-8310-3277-8

Achtung, fertig – selber nähen!
€ 12,95 [D] / € 13,40 [A]
978-3-8310-2921-1

Film ab!
€ 12,95 [D] / € 13,40 [A]
978-3-8310-3035-4

Total lecker!
€ 12,95 [D] / € 13,40 [A]
978-3-8310-2463-6